La Poesia del Sacro

Prima edizione giugno 1998

ISBN 88-18-30046-6

La Poesia del Sacro

Inni cristiani da sant'Ambrogio a Jacopone da Todi

a cura di
Angelo Comini

Presentazione di
Mario Pomilio

Rusconi

Sommario

Prudenzio

Sedulio

Anonimi del V-VI secolo

Presentazione
DI MARIO POMILIO

C'è tutto un grande capitolo della storia della poesia occidentale, quello della lirica latino-cristiana, solitamente trascurato e addirittura ignorato dalle nostre prospettive culturali. Eppure si tratta d'una tradizione quantitativamente imponente e talora qualitativamente eccelsa, durata quasi un millennio, dal secolo IV al XIV, da sant'Ambrogio a Jacopone da Todi. A Dante Alighieri era ancora familiare. L'Umanesimo, nel suo sforzo di restaurare l'antichità classica, la mise come tra parentesi. L'Illuminismo, creando il mito del buio Medioevo, vi proiettò definitivamente un cono d'ombra, al punto che nemmeno l'età romantica, che pure tanto operò alla rivalutazione del Medioevo, la incluse nei suoi orizzonti-estetici. Si può dire che il solo Manzoni, nel concepire gli *Inni Sacri*, si provò a ricollegarvisi, sia pure per vie e forme proprie.

Nonostante ciò, si dirà, la lirica latino-cristiana s'è veduta assicurare in concreto una sopravvivenza sconosciuta ad altre tradizioni. Per l'uso liturgico che ogni giorno se ne fa nel rituale della Chiesa cattolica (e più se ne faceva fino a pochi decenni orsono) e per il suo intimo legame con la musica (nata per il canto, come tutte le grandi tradizioni liriche, ha continuato ad essere cantata anziché letta o recitata) essa vive ben più di quanto comunemente si creda. E questo è verissimo. Ma è vero ugualmente che le due circostanze, se ne hanno impedito l'eclissi, hanno contribuito ulteriormente alla sottovalutazione critica dei testi, nel senso ora di farli considerare esteticamente secondari o minori rispetto alle stupende melodie che di solito li accompagnano, ora di farli giudicare preghiera o, appunto, fatto liturgico anziché letteratura a pieno titolo, dotata di valenze autonome: alcunché d'allotrio, insomma, rispetto alla «poesia» vera e propria, e come tale difficile a includersi in un corretto panorama letterario. Fatto sta che anche i cattolici più osservanti conoscono male e apprezzano limitatamente il tesoro di poesia tramandatoci dal millennio che abbiamo menzionato.

Il primo merito della raccolta così amorosamente curata da Angelo Comini è di consentirci d'avvicinarci alla lirica latino-cristiana fuori di ogni pregiudizio critico, proponendoci una scelta di versi che, senza pretendere d'offrircene *tutto* il meglio (né ovviamente era possibile), ne mette in evidenza le forme e i temi più caratteristici, ne segnala gli sviluppi e consente d'apprezzarne l'originalità. Si tratta, detto in breve, di poesia con connotazioni proprie, ispirazione propria, strutture e linguaggio propri, in nessun modo ancella o seguace della poesia latina classica, della quale rielabora e trasforma liberamente anche i metri. Si tratta, più precisamente, di poesia del sacro, se mai altra ve ne fu, dove, ora attraverso delicate metafore, ora, all'altro estremo, attraverso uno sforzo concettuale che sfiora l'inesprimibile, l'anima cristiana trepida, s'espande, manifesta le sue speranze, i suoi tremori, i suoi abbandoni, medita sui misteri della fede e soprattutto prega, pervenendo spesso, letterariamente parlando, a risultati di grande suggestione. Forse se Bremond l'avesse meglio tenuta presente, sarebbe stato meno drastico nell'opporre, in un suo celebre libro, preghiera e poesia. E comunque si può tranquillamente affermare che di rado in Occidente la disposizione religiosa o, generalmente, la spiritualità, si è espressa in forme altrettanto plausibili.

Angelo Comini si è assunto anche il difficile compito di tradurre, e tradurre in versi, la sua antologia attraverso un delicato, paziente lavoro fatto di sensibilità, d'adesione, d'intimo ripensamento, di cultura teologica (indispensabile in certi tratti), di lontana assiduità coi testi, di cui osserva attentamente i sensi e insegue amorosamente le clausole e le cadenze. Il lettore ad esempio vedrà come i dimetri giambici degli originali siano resi efficacemente attraverso settenari quasi sempre sdruccioli accentati, in modo da ripeterne da vicino il ritmo; e come inoltre, più in generale, lo slancio, l'intima musica, la propensione al canto dei metri latini ritornino pressoché intatti nelle sue versioni italiane; e come infine il Comini reinterpreti sì, quando occorre, secondo le inevitabili libertà di cui si giova ogni traduttore, ma senza mai tradire; o altrimenti, resti fedele all'originale nell'essenza, nello spirito, nel movimento della frase, nell'osservanza strutturale e numerica dei versi e delle strofe, senza mai tuttavia risultare pedissequo.

Cesare Angelini, che conobbe almeno una parte del lavoro di Comini, citava a titolo d'esempio questa bella strofe di sant'Ambrogio:

Splendor paternae gloriae
de luce lucem proferens,
lux lucis et fons luminis,
diem dies illuminans

e così osservava: «Il traduttore si lascia prendere dal generoso sgorgo: guarda e ascolta le parole nel loro aumentarsi, nel loro illuminarsi l'una nell'altra; le rivive nel suo sentimento, nella sua fede, e così traduce:

Della paterna gloria
splendor, luce da luce,
fonte di luce vivida,
giorno che il giorno illumina».

Si tratta d'osservazioni che, opportunamente variate, si potrebbero ripetere per molte di queste versioni.

Introduzione

L'innografia rappresenta una delle pagine più significative nella storia della pietà cristiana, espressione di quella spiritualità che, attingendo alle sorgenti della parola di Dio, anima di sé tutta la storia della Chiesa, assumendo tonalità diverse con il mutare dei tempi e della sensibilità.

Talvolta ci troviamo di fronte ad espressioni di autentica poesia: vivacità di immagini, ricchezza di sentimento, nitore di forma... Altre volte troviamo soltanto fredda cronaca o dottrina in versi.

Nel commento al salmo 72 Agostino ci dà una definizione di inno: «Hymni laudes sunt Dei cum cantico: hymni cantus sunt continentes laudem Dei» (*Enarr. in Ps.* 72,1). «Se vi è lode, ma non di Dio, non è un inno; se vi è lode di Dio, ma non si canta, non è un inno. L'inno deve possedere questi tre requisiti: la lode, Dio oggetto di lode e il canto». Lo stesso Agostino ci ha lasciato pagine suggestive sul canto nella comunità cristiana. Commentando il salmo 149 esorta i suoi ascoltatori ad essere uomini nuovi, che vivono secondo il comandamento nuovo e cantano il cantico nuovo (*Enarr. in Ps.* 149,1). Il canto è per lui espressione della gioia che caratterizza la vita cristiana e dell'amore che ne rappresenta la legge fondamentale: «cantare amantis est» (*Serm.* 336,1). Tutta la vita ne viene investita: «Cantate vocibus, cantate cordibus, cantate oribus, cantate moribus» (*Serm. in Vet. Test.* 34,6). Altrove esorta i suoi fedeli a cantare, benché ancora tra le tribolazioni ed i pericoli della vita presente, il canto di gioia e di vittoria dei beati, cioè l'Alleluia: «Felice quell'Alleluia, pienamente sicuro, senza alcun avversario... Ivi risuonano canti di lode a Dio; ma anche qui risuonano questi canti... Cantiamo non per goderci il riposo, ma per alleviare la fatica, come sogliono cantare i viandanti: canta e cammina» (*Serm.* 256,3).

Al terzo versetto del salmo 32 «cantate con arte, nel giubilo», si domanda come sia possibile cantare con un'arte degna di Dio che è la perfezione; risponde che il salmo stesso ce lo insegna: «Questo è infatti cantare con arte a Dio: cantare nel giubilo... Comprendere che non si può esprimere con parole ciò che si canta col cuore. Infatti coloro che cantano, sia nella vigna, sia in qualche altro fervido lavoro, dopo che hanno iniziato con le parole dei canti ad esultare per la gioia, come ripieni di tanta letizia da non poterla esprimere con le parole, si distaccano dalle sillabe delle parole e passano nel suono del giubilo. Il giubilo è un suono che significa che il cuore produce qualcosa che non è in grado di esprimere a parole. E a chi si addice questa espressione del giubilo se non a Dio, ineffabile?» (*Enarr. in Ps.* 32 II s. I 8).

Le primitive comunità cristiane conoscevano il canto dei salmi, per averlo ereditato dal culto ebraico: è in tale solco che nasce, come espressione della creatività del nuovo popolo di Dio, l'innografia cristiana. I Padri della Chiesa sono i grandi commentatori dei salmi, nella nuova chiave di lettura inaugurata da Cristo stesso. Ambrogio, che a ragione viene considerato il padre dell'innografia cristiana latina, è innamorato del «dolce libro dei salmi» (*Enarr. in Ps.* 1,4): «Il salmo è benedizione del popolo, onore di Dio, lode della moltitudine, plauso di tutti, parola universale, voce della Chiesa, armoniosa professione di fede, piena sottomissione all'autorità, gioia della libertà, grido di allegrezza, eco di letizia. Addolcisce l'animo dalla collera, allontana dall'inquietudine, solleva dal dolore. È una protezione nella notte, un'istruzione per il giorno; uno scudo nel timore, una festa nell'innocenza, un'immagine della tranquillità, un pegno di pace e di concordia, come una cetra che da suoni diversi e diseguali esprime un'unica melodia. La nascita del giorno fa risuonare il salmo, lo fa echeggiare il tramonto» (*Enarr. in Ps.* 1,9). All'interno del salterio l'antecedente degli inni cristiani è rappresentato, pur con notevoli differenze stilistiche, dai salmi di lode a Jahvè per le meraviglie della creazione e della storia della salvezza. Nell'innografia cristiana la creazione rimarrà motivo essenziale di lode, assumendo peraltro anche significati simbolici; la storia della salvezza si concentrerà attorno al mistero di Cristo e della sua azione salvifica, con il suo naturale prolungamento nella storia della Chiesa ed in particolare della santità cristiana.

Il Nuovo Testamento, oltre ad offrirci i noti cantici *Magnificat, Benedictus* e *Nunc dimittis* (Lc. 1,46-55.68-79; 2,29-32), ci attesta l'uso di cantare inni nelle assemblee cristiane: Paolo e Sila, in carcere a Filippi, cantano nella notte inni a Dio (Atti, 16,25); Paolo inoltre esorta i cristiani di Colossi e di Efeso a cantare a Dio con salmi, inni e cantici spirituali (Col. 3,16; Ef. 5,19). Una conferma la troviamo nel famoso rescritto di Plinio il Giovane a Traiano (anno 112), in cui si accenna al fatto che i cristiani della Bitinia erano soliti riunirsi in giorni stabiliti, prima dell'alba, per elevare un «carmen» a Cristo come a Dio. Si trattava presumibilmente di composizioni analoghe a quelle di cui ci sono rimasti numerosi ed interessanti frammenti nelle Epistole paoline, nell'Apocalisse ed in qualche altro scritto neotestamentario, delle quali può fornirci un esempio quello che è stato definito «il più bello, il più popolare, il più antico canto cristiano giunto fino a noi» (Martimort, *La Chiesa in preghiera*, Roma 1963, p. 361), il *Gloria in excelsis Deo*.

Rapida fioritura ebbe l'innografia presso la Chiesa greca ed in genere in Oriente, dove l'inno divenne ben presto, oltre che espressione di lode nel culto, anche strumento di diffusione dell'eresia e di difesa dell'ortodossia.

Nel mondo latino il primo che tentò, senza successo peraltro, di introdurre il canto degli inni nelle assemblee cristiane fu Ilario di Poitiers. È verosimile che durante il suo esilio in Oriente abbia conosciuto la ricca e singolare esperienza pastorale e poetico-musicale di Efrem siro, e di lì abbia attinto ispirazione. Isidoro di Siviglia scrive di Ilario che «hymnorum carmine floruit primus»; tuttavia dei vari inni a lui attribuiti nei secoli, tra cui *Lucis largitor splendide*, forse neppure uno regge al vaglio della critica.

Donde viene che il primo innografo latino, le cui composizioni siano sicuramente giunte fino a noi, finisce coll'essere Ambrogio.

In una pagina piena di commozione delle *Confessioni*, Agostino ci offre un vivo documento della pratica del canto degli inni nella Chiesa di Milano:

«In quei giorni [sono quelli che seguono immediatamente il suo battesimo] non mi saziavo di considerare con mirabile dolcezza i tuoi profondi disegni sulla salute del genere umano. Quante lacrime versate ascoltando gli accenti dei tuoi inni e cantici, che risuonavano dolcemente nella tua Chiesa! Una commozione violenta: quegli accenti fluivano nelle mie orecchie e distillavano nel mio cuore la verità, eccitandovi un caldo sentimento di pietà. Le lacrime che scorrevano mi facevano bene.

«Non da molto tempo la Chiesa milanese aveva introdotto questa pratica consolante e incoraggiante, di cantare affratellati, all'unisono delle voci e dei cuori, con grande fervore. Era passato un anno esatto, o non molto più, da quando Giustina, madre del giovane imperatore Valentiniano, aveva cominciato a perseguitare il tuo campione Ambrogio, istigata dall'eresia in cui l'avevano indotta gli ariani. Vigilava la folla dei fedeli ogni notte in chiesa, pronta a morire con il suo vescovo... Fu allora che si cominciò a cantare inni e salmi secondo l'uso delle regioni orientali, per evitare che il popolo deperisse nella noia e nella mestizia, innovazione che fu conservata da allora a tutt'oggi e imitata da molti, anzi ormai da quasi tutti i greggi dei tuoi fedeli nelle altre parti dell'orbe» (*Confess.* IX 6-7).

Numerosi sono gli inni attribuiti ad Ambrogio, molti dei quali opera di imitatori posteriori. In base a precise testimonianze di Agostino, quattro hanno certamente la paternità ambrosiana: l'inno del canto del gallo *Aeterne rerum conditor*, quello dell'ora di Terza (cioè delle nove antimeridiane - l'ora della crocifissione e della discesa dello Spirito Santo) *Iam surgit hora tertia*, l'inno della sera *Deus creator omnium* e l'inno di Natale *Veni, redemptor gentium*.

Altri gli sono attribuiti dagli studiosi in base, oltre che ad una costante tradizione, a precise considerazioni di ordine stilistico e contenutistico: l'inno dell'aurora *Splendor paternae gloriae*, quello di Pasqua *Hic est dies verus Dei*, forse anche l'inno dei martiri, quello di sant'Agnese e quello per il ritrovamento dei corpi dei martiri Gervasio e Protasio.

Ambrogio ci appare pertanto come il vero capostipite di una lunga tradizione innografica; in lui trovano il loro modello i tre filoni in cui può essere divisa l'innografia latino-cristiana: il primo legato al ritmo della giornata, all'avvicendarsi della luce e delle tenebre (potremmo parlare di un «poema della creazione»); il secondo legato alle grandi festività dell'anno liturgico, che ripropongono il mistero di Cristo (potremmo definirlo il «poema della redenzione»); il terzo celebrazione della santità cristiana, che dai martiri dei primi secoli accompagna tutta la storia della Chiesa fino ai nostri giorni (potremmo chiamarlo il «poema della Chiesa»).

Nell'innografia di Ambrogio non è difficile riconoscere le diverse componenti della sua cultura e della sua personalità: classicismo e Bibbia nella formazione culturale; scrittore e pastore d'anime nella personalità.

Differente è la fisionomia di Prudenzio (m. 405 ca.). Qualcuno l'ha definito «l'Orazio cristiano»; qualcuno, applicando impropriamente categorie moderne, l'ha chiamato «romantico» in contrapposizione ad un Ambrogio «classico». Forse meglio spiega la differenza di stile la loro diversa personalità: Ambrogio pastore d'anime che scrive per il canto dell'assemblea cristiana,

Prudenzio letterato che scrive per la lettura individuale.

Le notizie sulla sua vita ci sono offerte da lui stesso nell'introduzione alla più felice delle sue opere, il *Kathemérinon*: ci parla della sua professione di avvocato e di importanti cariche politiche ricoperte; ci parla inoltre di una sua conversione, forse non tanto dal paganesimo al cristianesimo, ma piuttosto da una vita tiepida alla vita di cristiano fervente, o ad una forma di vita ascetica. È da qui che ha inizio la sua produzione letteraria: il *Kathemérinon*, cioè gli inni per i vari momenti della giornata, dal canto del gallo fino all'accensione dei lumi della sera e all'ora di riposo, il *Peristefánon*, la celebrazione dei martiri cristiani, e qualche altro scritto meno significativo.

Se è vero che talvolta Prudenzio pecca per una certa prolissità o per un accentuato gusto dell'orrido (forse occorre ricordare la sua origine dalla Spagna, come Seneca), qua e là, principalmente negli inni della giornata, si riscontrano autentica commozione lirica e squarci di vera poesia.

Successivamente l'innografia occidentale, mentre da una parte tiene l'occhio attento al modello ambrosiano, dall'altra accoglie nuove istanze, facendo maggior spazio al sentimento religioso e rivolgendo una più viva attenzione all'umanità di Cristo.

Troviamo nel V secolo Celio Sedulio,

autore di un *Carmen Paschale*, libera rielaborazione in esametri dei quattro Vangeli, ma più noto come autore di un inno abecedario in dimetri giambici sulla nascita di Cristo *A solis ortus cardine*, utilizzato dalla liturgia nelle feste di Natale e dell'Epifania.

Venanzio Fortunato (VI sec.), autore di biografie, di trattati e di un poema in esametri *De vita Martini*, ha composto anche undici libri di *Carmina* (inni, elegie, epigrammi, ecc.), dove troviamo i noti inni alla Santa Croce *Vexilla regis prodeunt* e *Pange lingua gloriosi lauream certaminis*, entrati nella liturgia.

L'uso liturgico degli inni, introdotto dagli ordini monastici, principalmente dai Benedettini, ne ha diffuso la conoscenza ed è stato occasione di una nuova fioritura nei secoli VII e VIII: si tratta per la maggior parte di testi anonimi, che, fedeli in genere al modello ambrosiano, riflettono tuttavia la spiritualità e l'ascetismo della vita monastica.

Dopo l'epoca carolingia, che è caratterizzata da un chiaro ritorno ai modelli classici sia nello stile che nella metrica quantitativa, una ventata di rinnovamento, nella spiritualità e nei gusti artistici, verrà all'innografia dal sorgere e dal diffondersi degli ordini mendicanti.

Un nuovo genere, la sequenza, sorto attorno al X secolo nell'ambito dell'ordine benedettino, acquisterà quel carattere ritmico che gli è proprio ed avrà una meravigliosa fioritura nel XII secolo. Abbandonata la metrica quantitativa, il nuovo genere si baserà sul numero delle sillabe, sugli accenti e sulle rime, come avverrà poi nella poesia volgare. Il più insigne cultore di questo genere fu Adamo da San Vittore (m. 1150).

Un cenno a parte merita san Tommaso d'Aquino, il quale, oltre ad essere stato il grande teologo che tutti conoscono, fu anche l'autore della ufficiatura della festa del Corpus Domini e pertanto degli inni che vi compaiono; nei quali, oltre ad una grande ricchezza dottrinale, trova felice espressione la viva pietà eucaristica del santo.

A voler tracciare anche soltanto uno schizzo dell'innografia cristiana occidentale, non potrebbero essere sottaciuti nomi come Ennodio di Pavia (m. 521), Gregorio Magno (m. 604), Paolo Diacono (m. 799), Teodulfo d'Orléans (m. 798), Paolino d'Aquileia (m. 802), Rabano Mauro (m. 856), san Pier Damiani (m. 1072), così come la produzione innografica – sempre in lingua latina – successiva al sorgere delle lingue volgari, nonché alla correzione degli inni antichi e medioevali voluta da Urbano VIII secondo i canoni dell'umanesimo.

Ma tutto ciò esula dai limiti di questa rapida introduzione, che ha lo scopo di inquadrare i testi che pubblichiamo di seguito.

ANGELO COMINI

Nota Editoriale

Alcuni degli inni che compaiono in questo volume in edizione riveduta e corretta sia per la versione che per il testo erano già stati da me pubblicati in *Inni della luce*, Milano 1977.

Per quanto concerne il testo, ove non vi siano indicazioni diverse, mi sono attenuto alla edizione di Dreves-Blume-Bannister, *Analecta Hymnica Medii Aevi*, Lipsia 1886 ss.

Inni cristiani

Ambrogio

Aeterne rerum conditor
Il canto del gallo

È forse questo il più noto tra tutti gli inni latino-cristiani. Autore ne è Ambrogio; tema il canto del gallo; il metro è il dimetro giambico, che diverrà tipico dell'innografia cristiana.
Il modesto volatile si trasfigura in un araldo, annunciatore di salvezza a tutto il cosmo: il cielo, la terra, il mare ne raccolgono l'eco; le forze del male recedono per lasciare posto alla speranza e alle opere della luce.
È un rapido succedersi di immagini, dove le realtà naturali, conservando tutto il loro rilievo, assumono, senza alcuna forzatura, valori simbolici: gallo-Cristo, tenebre-peccato, luce-vita nuova.
La Liturgia delle ore colloca questo inno tra le Lodi della domenica della prima settimana.

Aeterne rerum conditor,
noctem diemque qui regis,
et temporum das tempora
ut alleves fastidium,

Praeco diei iam sonat,
noctis profundae pervigil,
nocturna lux viantibus
a nocte noctem segregans.

Hoc excitatus lucifer
solvit polum caligine;
hoc omnis erronum chorus
vias nocendi deserit.

Hoc nauta vires colligit
pontique mitescunt freta;
hoc, ipse Petra Ecclesiae,
canente, culpam diluit.

Surgamus ergo strenue:
gallus iacentes excitat
et somnolentos increpat;
gallus negantes arguit.

Gallo canente spes redit,
aegris salus refunditur,
mucro latronis conditur,
lapsis fides revertitur.

Del mondo eterno artefice,
che notte e giorno regoli
e i tempi alterni e moderi
per alleviare il tedio,

Già canta il gallo, vigile
araldo, nelle tenebre;
luce ai viandanti provvida
l'ore notturne indica.

L'astro che il giorno annunzia
disperde la caligine;
i malfattori lasciano
la via dei loro crimini.

Il navigante s'anima;
i flutti in mar si placano;
Pietro, all'udir quel monito,
scoppia in amare lacrime.

Alacremente alziamoci:
il gallo i pigri stimola,
sveglia color che dormono,
rimprovera i colpevoli.

Le speranze risorgono,
gli infermi si riprendono,
l'arma i malvagi celano,
torna la fede ai deboli.

Iesu, labantes respice
et nos videndo corrige;
si respicis, lapsus cadunt
fletuque culpa solvitur.

Tu, lux, refulge sensibus
mentisque somnum discute;
te nostra vox primum sonet
et vota solvamus tibi.

A noi malfermi volgiti,
Gesù pietoso, e sanaci:
le nostre colpe cadono
e in pianto si dissolvono.

Risplendi, o luce, agli animi;
dal cuore il sonno dissipa:
possiamo lieti ed alacri
alzare a te la supplica.

Splendor Paternae Gloriae
Splendore della Gloria Paterna

È l'inno dell'aurora a Cristo-luce, splendore della gloria del Padre. La cascata di luce con cui si apre si va gradualmente sviluppando nell'invocazione e nella tematica morale che sgorga naturalmente dal simbolismo della luce, per approdare alla gioia della sobria-ebrietas *con cui l'inno si chiude. Unanimemente attribuito ad Ambrogio per indiscutibili affinità stilistiche con gli inni del grande dottore, la Liturgia delle ore lo assegna alle Lodi del lunedì della prima settimana. Il metro è il dimetro giambico.*

Splendor paternae gloriae
de luce lucem proferens,
lux lucis et fons luminis,
diem dies illuminans,

Verusque sol, illabere
micans nitore perpeti
iubarque Sancti Spiritus
infunde nostris sensibus.

Votis vocemus et Patrem,
Patrem perennis gloriae,
Patrem potentis gratiae,
culpam releget lubricam.

Informet actus strenuos,
dentem retundat invidi,
casus secundet asperos,
donet gerendi gratiam.

Mentem gubernet et regat
casto, fideli corpore;
fides calore ferveat,
fraudis venena nesciat.

Christusque noster sit cibus,
potusque noster sit fides;
laeti bibamus sobriam
ebrietatem Spiritus.

Della paterna gloria
splendor, luce da luce,
fonte di luce vivida,
giorno che il giorno illumina.

O vero sole, irradiaci
col tuo fulgor perpetuo,
infondici negli animi
il lume dello Spirito.

Al Padre alziamo suppliche,
Padre d'eterna gloria,
Padre d'immensa grazia:
le nostre colpe elimini.

Guidi le imprese ardue,
il dente spezzi a Satana,
le asperità ne attenui,
doni d'agir la grazia.

Sostenga e regga l'animo;
casto sia il corpo e docile,
la fede ognor sia fervida
e non conosca inganno.

Cristo sia nostro cibo,
bevanda sia la fede;
lieti beviam la sobria
ebbrezza dello Spirito.

Laetus dies hic transeat;
pudor sit ut diluculum,
fides velut meridies,
crepusculum mens nesciat.

Aurora cursus provehit;
Aurora totus prodeat,
in Patre totus Filius
et totus in Verbo Pater.

Trascorra lieto il giorno:
aurora sia il pudore,
meriggio sia la fede,
né veda mai crepuscolo.

Ecco l'Aurora sorgere
e Cristo in cielo irrompere,
nel Padre tutto il Figlio,
nel Figlio tutto il Padre.

Deus Creator omnium
Pace della sera

Agostino nel libro IX delle Confessioni, *rievocando la morte della madre, ricorda come egli avesse trovato un qualche sollievo all'acerbità del dolore nel dono divino del sonno; e quasi a conferma di tale sua esperienza cita le prime due strofe di questo inno, indicandone l'autore in Ambrogio. Se di tale paternità occorresse una conferma, la troveremmo nella concezione classica della notte tipicamente ambrosiana e nelle analogie di stile e di contenuto con altri inni di Ambrogio. La notte con la sua pace è dono divino all'uomo stanco per il lavoro, come dono divino sono state le opere della giornata (donde il ringraziamento); d'altra parte la notte con le sue tenebre è immagine delle forze del male (donde l'invocazione della protezione divina).*

La Liturgia delle ore ai primi Vespri della domenica della prima settimana ci propone le prime cinque strofe delle otto di cui l'inno si compone. Il metro è il dimetro giambico.

Deus, creator omnium
polique rector vestiens
diem decoro lumine
noctem soporis gratia,

Artus solutos ut quies
reddat laboris usui
mentesque fessas allevet
luctusque solvat anxios,

Grates peracto iam die
et noctis exortu preces,
voti reos ut adiuves,
hymnum canentes solvimus.

Te cordis ima concinant,
te vox canora concrepet,
te diligat castus amor,
te mens adoret sobria,

Ut cum profunda clauserit
diem caligo noctium,
fides tenebras nesciat
et nox fide reluceat.

...

O Dio, del mondo artefice,
che reggi e muovi i cieli,
di luce al giorno prodigo
e di quiete alla notte,

Fa' che il riposo placido
tempri le stanche membra,
gli affaticati spiriti
sciolga dai tristi affanni.

Nell'ora del crepuscolo,
al scender della notte,
grati eleviamo il cantico
ed invochiamo aiuto.

Te canti il nostro spirito,
te acclamino le labbra,
te i casti cuori amino,
la pia mente adori.

Perché, quando le tenebre
concluderanno il giorno,
la fede non s'attenui
ma illumini la notte.

...

VENI, REDEMPTOR GENTIUM
IL VERBO SI È FATTO CARNE

L'innografia ambrosiana non si limita al genere legato alle diverse ore del giorno e della notte, ma si estende anche ai misteri della salvezza, celebrati nelle feste e nelle varie fasi dell'anno liturgico.
Questo inno di Natale è il capostipite di una serie di testi che appariranno nella produzione degli innografi posteriori, che non prescinderanno mai totalmente dal modello ambrosiano.
Il mistero della incarnazione del Verbo è qui sentito come strettamente connesso a quello della maternità verginale di Maria. L'uguaglianza del Figlio al Padre è decisamente affermata – contro le eresie del tempo – nelle strofe centrali dell'inno, assieme alla dottrina delle due nature nel Cristo.
La povera grotta e la mangiatoia su cui giace il piccolo bambino ne ricevono una luce che nulla potrà oscurare.
Tralasciamo la prima strofa Intende, qui regis Israel *riportata anche in edizioni accreditate, ma ritenuta spuria da molti critici.*

Veni, redemptor gentium,
ostende partum virginis;
miretur omne saeculum:
talis decet partus Deum.

Non ex virili semine
sed mystico spiramine
verbum Dei factum est caro,
fructusque ventris floruit.

Alvus tumescit virginis,
claustrum pudoris permanet,
vexilla virtutum micant:
versatur in templo Deus.

Procedat e thalamo suo,
pudoris aula regia,
geminae gigas substantiae,
alacris ut currat viam.

Egressus eius a Patre,
regressus eius ad Patrem,
excursus usque ad inferos,
recursus ad sedem Dei.

Aequalis aeterno Patri,
carnis tropaeo cingere,
infirma nostri corporis
virtute firmans perpeti.

Vieni, Signor dei popoli,
stupor di tutti i secoli,
nato da madre-vergine:
tale è di Dio la nascita.

Non per semenza d'uomini,
ma per divino Spirito,
nel ventre il frutto germina
e il Verbo si fa carne.

Il grembo di una vergine
è tempio dell'Altissimo;
rimane intatto ed integro:
quante virtù lo adornano!

Gigante dal suo talamo,
dalla sua reggia candida,
venga in natura duplice
tutta sua via a correre.

Dal Padre a noi venuto,
farà ritorno al Padre;
discende fino agli inferi
per risalire al cielo.

Al Padre eguale in gloria,
d'invitto corpo cingiti
per dar vigor perpetuo
al nostro corpo fragile.

Praesepe iam fulget tuum,
lumenque nox spirat suum,
quod nulla nox interpolet
fideque iugi luceat.

Già splende il tuo presepio;
la notte ha la sua lampada;
nulla la possa estinguere
ma brilli in tutti i secoli.

Hic est Dies Verus Dei
Il Giorno del Signore: la Pasqua

Ritenuto comunemente opera di Ambrogio, per ragioni contenutistiche e stilistiche oltre che per antica tradizione, questo inno pasquale canta la morte e la resurrezione di Cristo, più che in se stesse, nei loro frutti salvifici: il perdono dei peccati e la resurrezione futura. In tale prospettiva è rivolta una particolare attenzione alla salvezza del buon ladrone, garanzia del perdono a tutti i peccatori, e alla vittoria di Cristo sulla morte, che finisce vittima di se stessa. In tutto l'inno, e particolarmente nella seconda parte, troviamo quel gusto del contrasto, del chiaroscuro, comune anche ad altri inni, ma qui particolarmente accentuato.

Hic est dies verus Dei
sancto serenus lumine,
quo diluit sanguis sacer
probrosa mundi crimina,

Fidem refundens perfidis
caecosque visu illuminans.
Quem non gravi soluit metu
latronis absolutio?

Qui praemium mutans cruce
Iesum brevi quaesiit fide
iustusque praevio gradu
pervenit in regnum Dei.

Opus stupent et angeli,
poenam videntes corporis
Christoque adhaerentem reum
vitam beatam carpere.

Mysterium mirabile,
ut abluat mundi luem,
peccata tollat omnium
carnis vitia mundans caro!

Quid hoc potest sublimius,
ut culpa quaerat gratiam,
metumque solvat caritas,
reddatque mors vitam novam?

Di Dio giorno splendido,
di santa luce fulgido:
sangue divino libera
il mondo dai suoi crimini.

Fede ridà agli increduli,
luce che i ciechi illumina;
al malfattor la grazia
ogni timore elimina.

Cerca Gesù con piccolo
atto di fede autentica:
cambia la croce in premio,
è il primo in cielo a giungere.

E gli angeli stupiscono,
che le ferite osservano;
ma il ladro a Cristo prossimo
rapisce il sommo premio.

Mistero incomparabile!
Che il mondo si purifichi;
un uomo salvi gli uomini,
dal peccato li liberi.

Che v'è di più ammirevole?
La colpa ottener grazia;
l'amor vincere il panico;
da morte vita sorgere

Hamum sibi mors devoret
suisque se nodis liget:
moriatur vita omnium,
resurgat ut vita omnium.

Cum mors per omnes transeat,
omnes resurgant mortui;
consumpta mors ictu suo
perisse se solam gemat.

La morte l'esca ingurgita,
si lega coi suoi vincoli:
con essa tutti muoiono,
per poi tutti risorgere.

La morte in tutti penetra;
ma i morti poi risorgono;
trafitta dal suo pungolo
solo la morte giace.

Prudenzio

Per il testo degli inni di Prudenzio ci si è attenuti alla edizione del «Corpus Christianorum» n. 126, A. Prudentii Clementis, Carmina, *a cura di M.P. Cunningham, Turnhout 1966.*

Ales Diei Nuntius
Il Canto del gallo (Cristo ci chiama)

Nell'Ufficio di lettura al giovedì della seconda settimana troviamo questo inno di Prudenzio: si tratta di cinque strofe prese dal primo inno del Kathemérinon *«Al canto del gallo». Il tema è il medesimo del celebre inno di Ambrogio* Aeterne rerum conditor. *Mentre Ambrogio procede per un rapido succedersi di immagini, l'inno di Prudenzio presenta un andamento più discorsivo ed analitico, dove vien fatto più largo spazio all'esortazione morale.*
Le cinque strofe di cui si vale la Liturgia delle ore e qui riportate sono tra le più significative per la vivacità delle immagini e per il sentimento della preghiera.

Ales diei nuntius
lucem propinquam praecinit,
nos excitator mentium
iam Christus ad vitam vocat.

«Auferte» clamat «lectulos
aegros, soporos, desides;
castique, resti ac sobrii
vigilate; iam sum proximus.»

...

Ut, cum coruscis flatibus
aurora caelum sparserit,
omnes labore exercitos
confirmet ad spem luminis,

...

Iesum ciamus vocibus
flentes, precantes sobrii;
intenta supplicatio
dormire cor mundum vetat.

Tu, Christe, somnum dissice,
tu rumpe noctis vincula,
tu solve peccatum vetus
novumque lumen ingere.

Del dì l'alato araldo
l'alba vicina annunzia:
Cristo riscuote gli animi
e chiama a nuova vita.

«Via i giacigli morbidi»
grida «indolenti e torpidi!
Ma casti, forti e sobrii
vegliate! Sto alle porte.»

...

E quando in cielo fulgida
l'aurora torni a splendere
ci trovi intenti all'opere
e annunzi un lieto giorno.

...

Gesù invochiamo sobrii
con gemiti e con lacrime;
l'intensa e viva supplica
mantiene il cuore vigile.

O Cristo, il sonno dissipa
e della notte i vincoli,
sciogli l'antico debito
e infondi nuovo lume.

Nox et tenebrae et nubila
Arriva Cristo: albeggia

Quindici strofe del secondo inno del Kathemérinon *di Prudenzio, l'inno dell'alba. L'arrivo di Cristo-luce vince le tenebre e ravviva i colori nelle cose. Sul piano morale si tratta della vittoria sul peccato e del ritorno ad una vita nella purezza e nella semplicità del cuore. La giornata del cristiano diventa un «camminare nella luce», sotto l'occhio vigile di Dio. La Liturgia lo impiega parzialmente alle Lodi del mercoledì e del giovedì della prima settimana.*

Nox et tenebrae et nubila,
confusa mundi et turbida,
lux intrat, albescit polus:
Christus venit, discedite!

Caligo terrae scinditur,
percussa solis spiculo,
rebusque iam color redit
vultu nitentis sideris.

Sic nostra mox obscuritas
fraudisque pectus conscium,
ruptis retectum nubibus,
regnante pallescet Deo.

Tunc non licebit claudere
quod quisque fuscum cogitat,
sed mane clarescent novo
secreta mentis prodita.

Fur ante lucem squalido
impune peccat tempore,
sed lux dolis contraria
latere furtum non sinit.

Versuta fraus et callida
amat tenebris obtegi,
aptamque noctem turpibus
adulter occultus fovet.

O notte, nubi e tenebre,
mondo confuso e torbido,
entra la luce, albeggia;
arriva Cristo: andatevene!

Del nuovo sole il raggio
dirada la caligine;
vivi i colori tornano
col sol che sorge nitido.

Così le nostre tenebre
e l'insincero spirito,
squarciate in ciel le nuvole,
divino raggio illumina.

Non potrai più rinchiudere
nel cuor pensieri equivoci;
del sole i raggi svelano
i segreti dell'animo.

Protetto dalle tenebre
il ladro ruba impavido;
ma con la luce limpida
non potrà più nascondersi.

La frode astuta e torbida
ama star nelle tenebre:
di notte anche l'adultero
le turpi imprese attua.

Sol ecce surgit igneus:
piget, pudescit, paenitet,
nec teste quisquam lumine
peccare constanter potest.

...

Te mente pura et simplici,
te voce, te cantu pio
rogare curvato genu
flendo et canendo discimus.

His nos lucramur quaestibus,
hac arte tantum vivimus,
haec inchoamus munera,
cum sol resurgens emicat.

Intende nostris sensibus,
vitamque totam dispice;
sunt multa fucis inlita,
quae luce purgentur tua.

...

Tandem facessat caecitas,
quae nosmet in praeceps diu
lapsos sinistris gressibus
errore traxit devio.

Ma il sole sorge fulgido
e il pentimento provoca:
nessuno può persistere
nel male in pieno giorno.

...

Con cuore puro e semplice
vogliamo, o Cristo, apprendere
a te elevar la supplica
coi canti e con le lacrime.

Questo è il guadagno e l'utile;
di questo vogliam vivere;
col sol che torna a splendere
riprendiamo quest'opera.

Sui nostri sensi vigila;
tutta la vita esamina:
la tua luce elimini
quel che c'è in noi di torbido.

...

Cessi oramai la tenebra,
che a lungo nei pericoli,
erranti in strade lubriche,
Ci trasse a precipizio.

Haec lux serenum conferat
purosque nos praestet sibi;
nihil loquamur subdolum,
volvamus obscurum nihil.

Sic tota decurrat dies,
ne lingua mendax, ne manus
oculive peccent lubrici,
ne noxa corpus inquinet.

Speculator adstat desuper,
qui nos diebus omnibus
actusque nostros prospicit
a luce prima in vesperum.

Hic testis, hic est arbiter,
hic intuetur, quidquid est,
humana quod mens concipit,
hunc nemo fallit iudicem.

La luce ci purifichi
e rassereni l'animo:
nulla diciam di subdolo,
nulla pensiam di torbido.

Sia tutto il giorno integro:
la lingua sia autentica;
né macchia mai contamini
gli occhi, le mani, il corpo.

Dal cielo un occhio vigile
Ci segue in ogni opera,
dai primi albori al vespero,
per tutti i nostri giorni.

È testimone ed arbitro
di quanto compion gli uomini;
nessun pensier recondito
inganna questo giudice.

Quid Est, quod Artum Circulum
Dolce Bambino, mostrati

Come Ambrogio, anche Prudenzio nel Kathemérinon, *oltre agli inni più propriamente legati alla giornata, ne presenta alcuni relativi alle feste cristiane.*
In questo inno di Natale i motivi ambrosiani dell'incarnazione del Verbo e della maternità verginale di Maria sono ripresi e sviluppati con gusto più analitico e descrittivo. Ai temi essenziali di Ambrogio, Prudenzio aggiunge tratti tipici, quali il simbolismo del sole che riprende a risalire nel cielo o la descrizione dell'umanità peccatrice e idolatrica prima della nascita di Cristo o della natura che partecipa al grande evento fiorendo in una miracolosa primavera... o degli stessi animali che, seppur privi della ragione, riconoscono la nascita del loro creatore.
Delle ventinove strofe di cui l'inno si compone - in parte utilizzate dalla Liturgia natalizia - ne abbiamo scelte sedici, che ci sono parse le più significative.

*Quid est, quod artum circulum
sol iam recurrens deserit?
Christusne terris nascitur,
qui lucis auget tramitem?*

*Heu, quam fugacem gratiam
festina volvebat dies;
quam paene subductam facem
sensim recisa exstinxerat!*

*Caelum nitescat laetius,
gratetur et gaudens humus:
scandit gradatim denuo
iubar priores lineas.*

*Emerge, dulcis pusio,
quem mater edit castitas,
parens et expers coniugis,
mediator et duplex genus!*

...

*Nam caeca vis mortalium,
venerans inanes nenias,
vel aera vel saxa algida
vel ligna credebat Deum*

*Haec dum sequuntur perfidi,
praedonis in ius venerant,*

Perché, raggiunto il tropico,
l'arco del sol risale?
È di Gesù la nascita
che aggiunge luce al giorno?

Grazia troppo fuggevole
donava il breve giorno!
Quasi pareva estinguersi
il sol sempre più fioco.

Gioisca il ciel più nitido,
s'allieti anche la terra:
i raggi ormai risalgono
la strada già percorsa.

Dolce bambino, mostrati!
La castità ti è madre,
madre, e pur sempre vergine,
di figlio in due nature.

...

Credendo a vane favole,
la cieca mente umana
rendeva il culto agli idoli
di legno, bronzo o pietra.

Proni al voler di Satana,
n'eran l'ambita preda,

et mancipatam fumido
vitam barathro immerserant.

Stragem sed istam non tulit
Christus cadentum gentium;
impune ne forsan sui
Patris periret fabrica,

Mortale corpus induit,
ut excitato corpore
mortis catenam frangeret,
hominemque portaret Patri.

Hic ille natalis dies,
quo te creator arduus
spiravit et limo indidit,
sermone carnem glutinans.

Sentiste, virgo nobilis,
matura per fastidia
pudoris intactum decus
honore partus crescere?

O quanta rerum gaudia
alvus pudica continet,
ex qua novellum saeculum
procedit et lux aurea!

Vagitus ille exordium

e l'anima immergevano
nell'infernale abisso.

Ma Cristo più non tollera
dell'uomo tal rovina;
perché del Padre l'opera
non debba andar perduta,

Riveste un corpo fragile,
ma da morte risorge,
per infrangerne il vincolo
e riscattare l'uomo.

Te il creatore altissimo,
in questo giorno sacro,
spirò dentro la polvere
e il Verbo unì alla carne.

Avverti, o santa Vergine,
mentre l'affanno aumenta,
l'intatto pudor crescere
del glorioso parto?

O quanta gioia unanime
contiene il santo grembo,
da cui il nuovo secolo
procede e nuova luce!

È quel vagito annunzio

vernantis orbis prodidit;
nam tunc renatus sordidum
mundus veternum depulit.

Sparsisse tellurem reor
rus omne densis floribus,
ipsasque harenas Syrtium
fragrasse nardo et nectare.

Te cuncta nascentem, puer,
sensere dura et barbara,
victusque saxorum rigor
obduxit herbam cotibus.

Iam mella de scopulis fluunt,
iam stillat ilex arido
sudans amomum stipite,
iam sunt myricis balsama.

O sancta praesepis tui,
aeterne rex, cunabula,
populisque per saeclum sacra,
mutis et ipsis credita!

...

di nuova primavera;
mondo novello dissipa
il mondo vecchio e squallido.

Di fiori un manto splendido
tutta la terra adorna;
profuma nardo e nettare
persin l'orrida Sirte.

Le terre anche più aride
senton la tua venuta:
erbe da rocce sbocciano,
vinto il rigor del sasso.

Gli scogli ecco trasudano
miele e dell'elce i tronchi
d'amomo stillan lacrime,
balsamo i tamerischi.

Oh! santo quel presepio,
che fu tua prima culla:
l'adoran tutti i popoli,
persino i muti armenti.

...

Quicumque Christum Quaeritis
I Magi

Questo è un ampio inno del Kathemérinon *di Prudenzio, costruito per filo e per segno sulle pagine del Vangelo di Matteo (cap. 2) relative alla venuta dei Magi a Betlemme: la stella, i Magi, l'adorazione del Bambino, i doni simbolici, il timore ed il furore di Erode, la strage degli innocenti, Cristo miracolosamente risparmiato... Ma non è una pura parafrasi della pagina evangelica: l'inno è una specie di poemetto pervaso da intensa commozione. Si noti l'apostrofe iniziale «Quicumque Christum quaeritis / oculos in altum tollite!» o il saluto a Betlemme «O sola magnarum urbium / maior Bethlem...» o quello ancor più commosso ai piccoli uccisi dalla crudeltà di Erode «Salvete, flores martyrum...».*

Delle cinquantadue strofe di cui l'inno si compone ne abbiamo scelte ventuno, che comprendono anche quelle impiegate dalla Liturgia nelle feste dell'Epifania e dei Santi Innocenti.

Quicumque Christum quaeritis,
oculos in altum tollite!
Illic licebit visere
signum perennis gloriae.

Haec stella, quae solis rotam
vincit decore ac lumine,
venisse terris nuntiat
cum carne terrestri Deum.

...

En, Persici ex orbis sinu,
sol unde sumit ianuam
cernunt periti interpretes
regale vexillum magi.

...

«Quis iste tantus,» inquiunt
«regnator astris imperans,
quem sic tremunt caelestia,
cui lux et aethra inserviunt?

Inlustre quiddam cernimus,
quod nesciat finem pati,
sublime, celsum, interminum,
antiquius caelo et chao.

Color che Cristo cercano
in alto gli occhi levino:
lassù potranno scorgere
segno d'eterna gloria.

La stella, che più nitida
vince del sole il raggio,
Iddio in terra annunzia
in carne umana sceso.

...

Ecco dal golfo Persico,
che vede il sole sorgere,
i Magi, esperti interpreti,
del re il vessillo scorgono.

...

«Chi è costui,» si chiedono
«signor che gli astri domina,
che fa tremare gli angeli,
cui luce e cielo servono?

Ci si rivela un essere,
che non conosce termini,
sublime, immenso, altissimo,
nato prima dei secoli.

Hic ille rex est gentium,
populique rex Iudaici,
promissus Abrahae patri
eiusque in aevum semini.

...»

Exim sequuntur perciti
fixis in altum vultibus,
qua stella sulcum traxerat
claramque signabat viam.

Sed verticem pueri supra
signum pependit imminens,
pronaque submissum face
caput sacratum prodidit.

Videre quod postquam magi,
Eoa promunt munera,
stratique votis offerunt
tus, myrram et aurum regium.

Agnosce clara insignia
virtutis ac regni tui,
puer o cui trinam Pater
praedestinavit indolem:

Regem Deumque adnuntiant
thesaurus et fragrans odor

È questo il re dei popoli,
l'atteso re giudaico,
promesso al padre Abramo
e ai figli suoi nei secoli.

...»

Lo sguardo al cielo attoniti,
commossi, i Magi seguono
la strada da percorrere,
dove la stella indica.

Ecco che sopra un pargolo
sosta l'astro profetico;
abbassa i raggi e chinasi
e il santo volto illumina.

I Magi, appena scorgono
il bimbo, i doni estraggono,
prostrati, e a lui presentano
oro, incenso e mirra.

Guarda, fanciullo, i simboli
del regno e del potere!
A te una gloria triplice
il Padre ha destinata:

Oro ed incenso annunciano
Iddio e il re dei secoli;

turis Sabaei, at myrrheus
pulvis sepulcrum praedocet.

...

O sola magnarum urbium
maior Bethlem, cui contigit
ducem salutis caelitus
incorporatum gignere!

Altrice te summo Patri
heres creatur unicus
homo ex tonantis Spiritu,
idemque sub membris Deus.

Hunc et prophetis testibus
hisdemque signatoribus
testator et sator iubet
adire regnum et cernere,

Regnum, quod ambit omnia,
dia et marina et terrea
a solis ortu ad exitum
et tartara et caelum supra.

Audit tyrannus anxius
adesse regum principem,
qui nomen Israel regat
teneatque David regiam.

la mirra è certo simbolo
della morte salvifìca.

...

Tra le città più nobili
Betlemme tu sei unica:
in te vedesti nascere
il salvator dei popoli.

Tu sola al Padre altissimo,
per forza dello Spirito,
donasti l'unigenito
a Dio e all'uomo identico.

Del mondo il sommo artefice
– l'attestano i profeti –
a lui il regno aggiudica
ed il sommo potere;

Regno che tutto incorpora
la terra, il mare e l'etere,
il cielo in alto e gli inferi,
dall'uno all'altro termine.

Teme il tiranno apprendere
ch'è nato un grande principe,
che avrà il potere in Israel
e il trono del re Davide.

Exclamat amens nuntio:
«Successor instat, pellimur;
satelles, i, ferrum rape,
perfunde cunas sanguine!

Mas omnis infans occidat,
scrutare nutricum sinus,
interque materna ubera
ensem cruentet pusio.»

...

Salvete, flores martyrum,
quos lucis ipso in limine
Christi insecutor sustulit,
ceu turbo nascentes rosas!

Vos, prima Christi victima,
grex immolatorum tener,
aram ante ipsam simplices
palma et coronis luditis.

Quo proficit tantum nefas,
quid crimen Herodem iuvat?
Unus tot inter funera
impune Christus tollitur.

Furente a quell'annunzio:
«Un pretendente» grida
«dal trono vuol abbattermi.
Fuori la spada! Uccidilo!

Periscan tutti i pargoli
in grembo alle nutrici!
la spada pur s'insanguini
tra le braccia materne.»

...

O fiori, o primi martiri,
rose, che ancora tenere,
come un tremendo turbine,
quell'empio osò recidere.

Per Cristo prime vittime,
agnelli all'olocausto,
palme e corone in gioco
attorno all'ara portano.

Che servon tanti crimini?
Nulla al tiranno giovano:
in tanta strage inutile
si salva il divin pargolo.

Sedulio

A solis Ortus Cardine
Dio nasce in carne umana

Il testo che segue è la prima parte dell'inno abecedario di Sedulio per la Natività, utilizzata dalla Liturgia nella festa di Natale; altre strofe successive sono invece usate nella festa dell'Epifania.
Si noterà come Sedulio unisca al gusto classico l'imitazione degli innografi cristiani, particolarmente di Prudenzio.
Nel mistero della nascita di Cristo vengono evidenziati i classici contrasti: Creatore-servo, madre-vergine, Signore-povero.
Tutta la composizione presenta una singolare finezza di sentimento.

A solis ortus cardine
adusque terrae limitem
Christum canamus principem,
natum Maria virgine.

Beatus auctor saeculi
servile corpus induit,
ut carne carnem liberans
non perderet quod condidit.

Clausae parentis viscera
caelestis intrat gratia;
venter puellae baiulat
secreta quae non noverat.

Domus pudici pectoris
templum repente fit Dei;
intacta nesciens virum
verbo creavit Filium.

Enixa est puerpera
quem Gabriel praedixerat,
quem matris alvo gestiens
clausus Iohannes senserat.

Feno iacere pertulit,
praesepe non abhorruit,
parvoque lacte pastus est
per quem nec ales esurit.

D'oriente dalle soglie
fino all'opposto limite
cantiamo il vero Principe,
che nasce dalla Vergine.

Del mondo il sommo artefice
riveste il corpo fragile
del servo e il servo libera
dall'ultima catastrofe.

Divina grazia penetra
nel grembo di una vergine,
che porta inconsapevole
mistero incomparabile.

Il grembo suo purissimo
di Dio è tabernacolo:
al solo ascolto genera,
senza contatto d'uomini.

Ecco da donna nascere
chi già predisse l'Angelo
e nel materno utero
Giovanni avverte e giubila.

Su poco fieno tollera
giacere in un presepio;
di poco latte cibasi
chi nutre fino i passeri.

Gaudet chorus caelestium
et angeli canunt Deum,
palamque fit pastoribus
pastor, creator omnium.

S'allieta il coro angelico
e a Dio eleva il giubilo;
ed ai pastori svelasi
pastor di tutti i popoli.

Anonimi
DEL V-VI SECOLO

IPSUM PROFECTO TEMPUS EST
ECCO ARRIVA LO SPOSO

Siamo di fronte ad un inno ritmico del V secolo, giunto a noi anonimo: Mediae noctis tempus est. *È citato nella* Regola *di Cesario di Arles.*

Il tema della notte viene presentato nel suo duplice mistero, di morte e di vita: si tratta della notte di Pasqua, celebrata nel ricordo dell'esodo e nell'attesa del ritorno del Signore. Nella prima parte dell'inno prevale il tono drammatico (terrore e morte per gli egiziani – salvezza per gli ebrei); nella seconda l'invito alla veglia, all'attesa vigilante del Signore che ritorna, si svolge sulla trama della parabola evangelica delle vergini prudenti e delle vergini stolte. Qui riportiamo e traduciamo queste ultime strofe che la Liturgia delle ore impiega nell'ufficiatura notturna il lunedì della seconda settimana.

Ipsum profecto tempus est
quo voce evangelica
venturus sponsus creditur,
regni caelestis conditor.

Occurrunt sanctae virgines
obviam tunc adventui,
gestantes claras lampadas,
magno laetantes gaudio.

Stultae vero remanent, quae
extinctas habent lampadas,
frustra pulsantes ianuas,
clausa iam regni regia.

Quare vigilemus sobrii
gestantes rmentes splendidas,
advenienti ut Iesu
digni curramus obviam.

...

Dignos nos fac, rex hagie,
futuri regni gloria,
aeternis ut mereamur
te laudibus concinere.

Ecco arrivato il tempo
– parola del Vangelo –
lo sposo sta per giungere
a inaugurare il regno.

Incontro a lui accorrono
le vergini prudenti,
portando accese lampade,
per letizia festanti.

Le stolte se ne restano
con le lampade spente;
le porte invano bussano;
chiusa è ormai la reggia.

Orsù vegliamo sobrii,
tenendo i cuori accesi,
perché possiamo accorrere
verso il Signor che viene.

...

Signore, facci degni
della futura gloria;
potremo un dì cantare
le tue lodi in perpetuo.

Deus qui caeli lumen es
Del cielo eterna lampada

In quest'inno ritmico, di autore ignoto del V-VI secolo, realtà e simbolo s'intrecciano e si fondono.
Da una parte la suggestiva descrizione dell'aurora nei suoi diversi momenti: le tenebre che recedono, le stelle che si spengono, il cielo che si rischiara, la brezza mattutina...
Dall'altra Cristo che si affaccia sotto una serie di immagini di luce: lampada del cielo, seminatore di luce, ostiario del giorno, stella del mattino.
La Liturgia delle ore assegna queste cinque strofe alle Lodi del venerdì della seconda settimana.

Deus, qui caeli lumen es
satorque lucis, qui polum
paterno fultum brachio
praeclara pandis dextera,

Aurora stellas iam tegit
rubrum sustollens gurgitem,
humectis namque flatibus
terram baptizans roribus.

...

Iam noctis umbra linquitur,
polum caligo deserit,
typusque Christi, lucifer
diem sopitum suscitat.

Dies dierum, aius es
lucisque lumen ipse es,
Unum potens per omnia,
potens in unum Trinitas.

Te nunc, Salvator, quaesumus
tibique genu flectimus,
Patrem cum Sancto Spiritu
totis laudantes vocibus.

...

Del cielo eterna lampada,
seminator di luce,
che con la mano fulgida
apri la porta al giorno,

L'aurora il cielo illumina;
si velano le stelle;
tutta la terra irrorano
le brezze mattutine.

...

L'ombre notturne cedono
e l'astro del mattino,
di Cristo vera immagine,
sveglia dal sonno il giorno.

Luce che luce genera,
il giorno sei dei giorni,
o Dio trino ed unico,
o Padre onnipotente.

Davanti a te prostrandoci,
Salvator, ti preghiamo;
al Padre ed allo Spirito
leviamo i nostri canti.

...

Te Lucis Ante Terminum
Protezione nella notte

Il testo che segue consta di tre strofe anonime risalenti al V-VI secolo. La prima rappresenta l'inizio del notissimo inno di Compieta, che troviamo anche, intonato da un'anima, nel canto ottavo del Purgatorio; *le altre due, inserite recentemente nella Liturgia serale, sono prese da un testo pure anonimo e pressoché contemporaneo, ricordato nella* Regola *di Cesario di Arles. Siamo di fronte ad un'accorata e tenera invocazione della protezione divina a difesa dai pericoli (fisici e morali) della notte. La presenza di Dio dà sicurezza durante il sonno, è luce nelle tenebre e speranza di nuovo giorno.*

Te lucis ante terminum,
rerum creator, poscimus,
ut solita clementia
sis praesul ad custodiam.

Te corda nostra somnient,
te per soporem sentiant,
tuamque semper gloriam
vicina luce concinant.

Vitam salubrem tribue,
nostrum calorem refice,
taetram noctis caliginem
claritas tua illuminet.

Prima che il giorno termini,
noi t'invochiamo supplici:
l'usata tua clemenza
sia scudo e protezione.

Te i nostri cuori sognino,
te nel riposo avvertano,
e allo spuntar del giorno
cantino alla tua gloria.

Donaci vita salubre,
ridà calore ai cuori;
nella notturna tenebra
risplenda la tua luce.

Venanzio Fortunato

Vexilla Regis prodeunt
Del re i vessilli avanzano

Il tema di questo inno di Venanzio Fortunato non è tanto la passione o la morte di Cristo, quanto piuttosto la sua Croce, che da strumento di morte assurge a segno di vittoria, quasi trono regale.
Ad un inizio di intonazione marziale fa seguito uno svolgimento dove non mancano espressioni di tenera partecipazione alle sofferenze del Signore crocifisso.
La Liturgia, in una redazione priva della seconda e della settima strofa e con l'aggiunta della strofa «O crux, ave, spes unica...», che è posteriore, lo canta nella settimana di Passione e nella festa dell'Esaltazione della Croce.

Vexilla regis prodeunt,
fulget crucis mysterium,
quo carne carnis conditor
suspensus est patibulo.

Confixa clavis viscera,
tendens manus, vestigia,
redemptionis gratia
hic immolata est hostia.

Quo, vulneratus insuper
mucrone diro lanceae,
ut nos lavaret crimine,
manavit unda et sanguine.

Impleta sunt, quae concinit
David fideli carmine
dicendo nationibus:
Regnavit a ligno Deus.

Arbor decora et fulgida,
ornata regis purpura,
electa digno stipite
tam sansta membra tangere.

Beata cuius brachiis
pretium pependit saeculi,
statera facta est corporis
praedam tulitque tartari.

Del re i vessilli avanzano,
la santa croce sfolgora;
sorregge il corpo fragile
del creator degli uomini.

Le membra i chiodi tendono,
le mani e i piedi forano:
offerta è qui la vittima
per riscattare gli uomini.

Un colpo d'empia lancia
il santo petto penetra;
il sangue e l'acqua sgorgano,
che dai peccati mondano.

S'adempie ciò che Davide,
con spirito profetico,
predisse un giorno ai popoli:
Iddio regnò dall'albero.

Albero ornato e fulgido,
cui sangue regio imporpora,
scelto da ceppo nobile
le sante membra a reggere.

I rami tuoi soppesano
del mondo il prezzo altissimo:
il corpo che in te librasi
strappò la preda agli inferi.

Fundis aroma cortice,
vincis sapore nectare,
iucunda fructu fertili
plaudis triumpho nobili.

Salve, ara, salve, victima,
de passionis gloria,
qua Vita mortem pertulit
et morte vitam reddidit.

Da te gli aromi emanano,
più dolce sei del nettare;
di lieti frutti prodigo
al vincitore applaudi.

Salve, altare e vittima!
Salve, divin patibolo!
In te la Vita spegnesi
per poi la vita renderci.

Anonimi
DEI SECOLI VII-XI

Sator Principesque Temporum
Protezione contro il «nemico»

L'ordine posto dal creatore nell'avvicendarsi della luce e delle tenebre è motivo di speranza di fronte alle insidie che il nemico infernale tende all'uomo con il favore delle tenebre: questo è il tema dell'inno che segue. Le tre strofe, che la Liturgia delle ore assegna al Vespro del martedì della seconda settimana, appartengono ad una composizione ritmica più ampia di autore ignoto del VII od VIII secolo.

Sator princepsque temporum,
clarum diem laboribus
noctemque qui soporibus
fixo distinguis ordine,

Mentem tu castam dirige,
obscura ne silentia
ad dira cordis vulnera
telis patescant invidi.

...

Vacent ardore pectora,
faces nec ullas sentiant,
adfixa ne praecordiis
mentis vigorem saucient.

...

Dio, creator dei secoli,
che con tua legge dedichi
il chiaro giorno all'opera
la notte al sonno placido,

La mente pura serbaci;
col favor delle tenebre
nel cuor non ci colpiscano
le frecce del demonio.

...

Sian quieti i nostri animi,
e i sensi non accendano
fiamme che svigoriscono
le forze dello spirito.
...

O lux, Beata Trinitas
Infondi Luce ai Cuori

Ai secondi Vespri della domenica nella seconda settimana la Liturgia delle ore ci propone questo brevissimo inno indirizzato alla «beata Trinitas», luce che illumina i cuori al calar della notte. Due strofe metriche (dimetro giambico) che si accentrano attorno al tema della perennità della lode divina: risuona al mattino, alla sera e nei secoli. Autore sconosciuto del VII od VIII secolo.

O lux, beata Trinitas
et principalis Unitas,
iam sol recedit igneus:
infunde lumen cordibus.

Te mane laudum carmine,
te deprecemur vespere;
te nostra supplex gloria
per cuncta laudet saecula.

O Trinità santissima,
O luce prima e unica:
ora che il giorno termina
infondi luce agli animi.

All'alba alziamo un cantico
e t'imploriamo al vespero;
la nostra lode supplice
a te salga nei secoli.

Lucis largitor splendide
La Stella del Mattino

Quest'inno ritmico, attribuito impropriamente ad Ilario di Poitiers, proviene da un codice del X secolo, ma evidentemente è anteriore. Presenta qualche analogia con l'inno Deus qui caeli lumen es *del V-VI secolo, riportato nelle pagine precedenti. A «seminatore di luce» corrisponde in questo «donatore di luce»; comune è pure la denominazione di Cristo come «astro del mattino». Se nel primo prevale il momento descrittivo, in questo si scorge una nota di trepida interiorità. La Liturgia delle ore lo assegna alle Lodi del lunedì della seconda settimana.*

Lucis largitor splendide,
cuius sereno lumine
post lapsa noctis tempora
dies refusus panditur,

Tu verus mundi lucifer,
non is qui parvi sideris
venturae lucis nuntius
angusto fulget lumine,

Sed toto sole clarior,
lux ipse totus et dies,
interna nostri pectoris
illuminans praecordia.

Adesto, rerum conditor,
paternae lucis gloria,
cuius amota gratia
nostra pavescunt corpora.

...

Dator di luce splendido:
con il tuo lume nitido,
vinte oramai le tenebre,
il giorno ecco irrompere;

Sei tu il vero lucifero,
non quel che brilla esile
con la sua luce tenue
e il nuovo giorno annunzia,

Ma del sole più fulgido,
tu stesso luce vivida
e giorno sei che illumina
dei nostri cuori l'intimo.

O creatore, assistici,
del Padre tuo riverbero:
privi della tua grazia
i nostri cuori tremano.

...

Vox clara ecce intonat
Una voce nella notte

*Inno metrico in dimetri giambici,
di cui non si conosce l'autore e le cui origini gli
studiosi pongono attorno al X secolo.
È un tipico «inno della luce», dove,
secondo i canoni di tutta la tradizione
innografica, Cristo viene identificato con la luce,
il peccato con le tenebre.
Ci richiama le veglie di preghiera
e l'ambiente monastico.
La Liturgia lo assegna al tempo di Avvento:
attesa della manifestazione di Cristo.*

Vox clara ecce intonat,
obscura quaeque increpat;
pellantur eminus somnia;
ab aethre Christus promicat.

Mens iam resurgat torpida
quae sorde exstat saucia;
sidus refulget iam novum,
ut tollat omne noxium.

E sursum Agnus mittitur
laxare gratis debitum;
ownes pro indulgentia
vocem demus cum lacrimis,

Secundo ut cum fulserit
mundumque horror cinxerit,
non pro reatu puniat,
sed nos pius tunc protegat.

Ecco una voce limpida,
che dissipa le tenebre:
i sogni si dileguino;
Cristo ritorna a splendere.

Il cuor ferito e torpido
dal mal sia pronto a sorgere:
l'astro novello sfolgora
ed ogni danno elimina.

L'Agnello sta per giungere
a condonarci il debito:
con gemiti e con lacrime
la grazia domandiamogli,

Perché, tornando fulgido
a giudicare gli uomini,
non sia severo giudice
ma protettore amabile.

Horis Peractis Undecim
L'Ora della Mercede

Di autore ignoto, di incerta datazione, quest'inno metrico del Breviario gotico trae lo spunto dalla parabola dei vignaiuoli chiamati alle diverse ore del giorno (Mt. 20,1 ss.). È l'ora della mercede: il meritato riposo, allietato dal canto del Vespro (ci richiama l'ambiente monastico), si trasfigura in certezza del premio eterno.
La Liturgia delle ore lo assegna al Vespro il venerdì della seconda settimana.

Horis peractis undecim,
ruit dies in vesperum;
solvamus omnes debitum
mentis benignae canticum.

Labor diurnus transiit
quo, Christe, nos conduxeras;
da iam colonis vineae
promissa dona gloriae.

Mercede quoque advocas,
quos ad futurum muneras,
nos in labore adiuva
et post laborem recrea.

Trascorsa l'ora undecima,
il giorno ormai declina;
leviamo grati e unanimi
dei nostri cuori il canto.

Cessan del giorno l'opere,
Signor, che ci affidasti;
dà ai vignaiuoli in premio
la gloria lor promessa.

Mentre ci chiami al premio,
pegno di quello eterno,
nella fatica assistici
e donaci ristoro.

Dies Aetasque Ceteris
L'Ottavo Giorno

Quest'inno ritmico, che la Liturgia delle ore assegna all'Ufficio di lettura la domenica della prima settimana, costituisce la conclusione di un ciclo settenario che celebra i doni dello Spirito Santo nei sette giorni della settimana; qualcosa di analogo agli inni dei Vespri della prima settimana, che celebrano le opere della creazione secondo la struttura settenaria del racconto della Genesi.
Il giorno ottavo, nel simbolismo patristico, richiama da una parte la resurrezione di Cristo (il giorno dopo il sabato), dall'altra il suo ritorno glorioso per inaugurare il regno eterno. Questo è il tema dell'inno, di paternità incerta, anteriore al XII secolo.

Dies aetasque ceteris
octava splendet sanctior
in te quam, Iesu, consecras,
primitiae surgentium.

Tu tibi nostras animas
nunc primo conresuscita;
tibi consurgant corpora
secunda morte libera.

Tibique mox in nubibus,
Christe, feramur obviam
tecum victuri perpetim:
tu vita, resurrectio.

Cuius videntes faciem,
configuremur gloriae;
te cognoscamus sicut es,
o vera lux et suavitas.

Regnum, cum Patri traditos,
plenos septeno chrismate,
in temet nos laetificas,
consummet Sancta Trinitas.

Torna più santo e nitido
l'ottavo giorno a splendere,
che tu, Signor, santifichi,
primizia dei risorti.

Con te le nostre anime
fin d'ora già risorgano
e i corpi un dì le seguano,
liberi dal sepolcro.

Nei cieli, sulle nuvole,
possiam, Cristo, raggiungerti,
per vivere in perpetuo
la vita dei risorti.

Il tuo sembiante scorgere,
goder della tua gloria,
a tu per tu conoscerti,
soave e vera luce.

Col Padre in cielo accoglici,
o Cristo, nostro gaudio,
coi doni dello Spirito,
nel regno dei beati.

Adamo da San Vittore

Salve, Mater Salvatoris
Salve, Madre del Signore

Attribuito ad Adamo da San Vittore il testo che segue è un classico esempio di sequenza ritmica: strofe costituite da due o più ottonari seguiti da un senario sdrucciolo, legati insieme da rime o assonanze secondo schemi ben precisi.
Presenta la tipica struttura tripartita di tali sequenze: saluto iniziale – svolgimento del tema – preghiera conclusiva.
Ma l'unità della composizione è perfettamente garantita, oltre che dalla suggestione del ritmo, da un unico afflato di grande ammirazione e devozione per la Vergine, alla quale vengono applicate le immagini più suggestive.
Qui abbiamo riportato e tradotto sette delle ventiquattro strofe di cui la sequenza si compone.

Salve, mater Salvatoris,
vas electum, vas honoris,
vas caelestis gratiae;

Ab aeterno vas provisum,
vas insigne, vas excisum
manu Sapientiae.

Salve, Verbi sacra parens,
flos de spina, spina carens,
flos, spineti gloria.

Nos spinetum, nos peccati
spina sumus cruentati,
sed tu spinae nescia.

...

Palmam praefers singularem,
nec in terris habes parem,
nec in caeli curia;

Laus humani generis,
virtutum prae ceteris
habes privilegia.

...

Iesu, Verbum summi Patris,

Salve, madre del Signore,
tempio eletto dell'amore,
tempio della grazia.

Dall'eternità formata,
la Sapienza t'ha adornata
tempio dell'Altissimo.

Per la Prole tua divina,
salve, rosa senza spina,
del roseto gloria.

Noi feriti e insanguinati
dalle spine dei peccati;
tu da spine libera.

...

La tua palma singolare
nessun uomo può eguagliare,
né i beati spiriti.

Gloria della stirpe umana,
di virtù sei la sovrana
sopra tutti gli uomini.

...

O Gesù, Verbo del Padre,

serva servos tuae matris;
solve reos, salva gratis
et nos tuae claritatis
configura gloriae.

salva i servi di tua madre;
sciogli i rei per il tuo amore,
configuraci al fulgore
del tuo volto splendido.

Lux iucunda, lux insignis
Luce fulgida e gioiosa

Sei strofe di una famosa sequenza, attribuita, come la precedente, ad Adamo da San Vittore. È una commossa preghiera, dove si alternano la lode e l'invocazione allo Spirito Santo, perché rinnovi il miracolo della Pentecoste: riempia i cuori della sua presenza e doni alle labbra la parola della testimonianza; rinnovi profondamente gli spiriti e crei la comunione degli animi.
Alla suggestione contribuisce non poco la musicalità del ritmo e delle rime.

Lux iucunda, lux insignis,
qua de throno missus ignis
in Christi discipulos

Corda replet, linguas ditat,
ad concordes nos invitat
cordis, linguae modulos.

...

Consolator alme, veni,
linguas rege, corda leni!
Nihil fellis aut veneni
sub tua praesentia.

...

Nova facti creatura,
te laudamus mente pura,
gratiae nunc, sed natura
prius irae filii.

Tu, qui dator es et donum,
Tu, qui cordis omne bonum,
cor ad laudem redde pronum,
nostrae linguae formans sonum
in tua praeconia.

Tu nos purga a peccatis,

Luce fulgida e gioiosa,
fuoco vivo che si posa
sopra i Suoi discepoli

Scende al cuore e il labbro muove,
e risveglia forze nuove
di fervore unanime.

...

Vieni a noi, Consolatore,
guida il labbro, placa il cuore;
non v'è inganno né livore
quando in noi tu abiti.

...

Fatti nuova creatura,
ti lodiam con mente pura,
figli d'ira per natura,
figli della grazia.

Tu sei dono e donatore,
sommo ben del nostro cuore;
forma il cuore alla tua scuola;
sopra il labbro la parola
della lode ponici.

A noi, sciolti dai peccati

auctor ipse pietatis,
et in Christo renovatis
da perfectae novitatis
plena nobis gaudia.

ed in Cristo rinnovati,
di pietà sorgente eletta,
della novità perfetta
dona il pieno gaudio.

Tommaso d'Aquino

Lauda, Sion, Salvatorem
Inneggiamo al Salvatore

Il Lauda, Sion *è la sequenza della Messa del Corpus Domini, appositamente composta da san Tommaso d'Aquino.*
Sebbene abbia la struttura tipica delle sequenze per quanto concerne i versi, le strofe, le rime, si differenzia tuttavia da tutte le altre: la maggior parte delle ventiquattro strofe di cui si compone ha carattere didattico, sia quando richiama l'istituzione dell'Eucaristia, sia quando ne rievoca le figure veterotestamentarie, specie nel presentare la dottrina teologica sull'Eucaristia, fino alla minuta casistica.
Tutto però è unitariamente legato, come in una sinfonia, da un profondo sentimento di fede e di ammirazione, che trova la sua espressione più esplicita nelle strofe iniziali, solenni e gioiose, e nella conclusione commossa ed orante, carica di profonda emozione lirica e religiosa.
Per il testo, ci atteniamo a quello del Messale Romano, che offre le migliori garanzie.

Lauda, Sion, Salvatorem,
lauda ducem et pastorem
in hymnis et canticis.

Quantum potes, tantum aude.
quia maior omni laude,
nec laudare sufficis.

Laudis thema specialis,
panis vivus et vitalis
hodie proponitur.

Quem in sacrae mensa cenae
turbae fratrum duodenae
datum non ambigitur.

Sit laus plena, sit sonora,
sit iucunda, sit decora
mentis iubilatio.

Dies enim solemais agitur,
in qua mensae prima recolitur
huius institutio.

In hac mensa novi'Regis,
novum Pascha novae legis
Phase vetus terminat.

Vetustatem novitas,

Inneggiamo al Salvatore,
nostra guida, buon pastore,
con gioiosi cantici.

Sia ardente il tuo fervore:
non raggiunge il suo valore
l'elogio più fervido.

Argomento arcano e santo
è proposto al nostro canto:
pane che vivifica.

Nella cena fu donato
al drappello fortunato
dei beati apostoli.

Lode piena ed armoniosa
lode fulgida e gioiosa,
con festoso giubilo!

Questo è giorno di gran festa,
che il ricordo in cuor ridesta
di sua prima origine.

Vecchia Pasqua è tramontata;
nuova legge a mensa è data
dal novello Principe.

Novità fuga vecchiezza,

umbram fugat veritas,
noctem lux eliminat.

Quod in coena Christus gessit,
faciendum hoc expressit
in sui memoriam.

Docti sacris institutis,
panem, vinum in salutis
consecramus hostiam.

Dogma datur christianis,
quod in carnem transit panis
et vinum in sanguinem.

Quod non capis, quod non vides,
animosa firmat fides,
praeter rerum ordinem.

Sub diversis speciebus,
signis tantum et non rebus,
latent res eximiae.

Caro cibus, sanguis potus:
manet tamen Christus totus
sub utraque specie.

A sumente non concisus,
non confractus, non divisus:

vince l'ombra la chiarezza,
luce notte elimina.

Ciò che Cristo ha un dì compiuto
in memoria ha poi voluto
che anche noi facessimo.

Obbedienti al suo mandato:
pane e vino è consacrato,
vittima salvifica.

È la fede dei cristiani:
sangue e carne il vino e il pane
per noi qui diventano.

Ciò che l'occhio tuo non vede
l'asserisce ferma fede,
pur se inverosimile.

Sotto specie differenti
si nascondon grandi eventi,
realtà mirabili.

Carne assumi e sangue vero;
tuttavia Cristo intero
sta in ciascuna specie.

Se lo assumi, non spezzato
né diviso o separato

integer accipitur.

Sumit unus, sumunt mille:
quantum isti, tantum ille:
nec sumptus consumitur.

Sumunt boni, sumunt mali:
sorte tamen inaequali,
vitae vel interitus.

Mors est malis, vita bonis:
vide paris sumptionis
quam sit dispar exitus!

Fracto demum sacramento,
ne vacilles, sed memento
tantum esse sub fragmento
quantum toto tegitur.

Nulla rei fit scissura:
signi tantum fit fractura:
qua nec status nec statura
signati minuitur.

Ecce panis Angelorum,
factus cibus viatorum:
vere panis filiorum,
non mittendus canibus.

ma rimane integro.

Siano mille o solo uno,
tutto a tutti ed a ciascuno;
né, mangiato, annullasi.

Con i buoni e coi perversi
produrrà frutti diversi,
vita oppur catastrofe.

Vita ai buoni, ai pravi morte:
qual diversità di sorte
un sol cibo provoca !

Se tu spezzi il sacramento,
non temere: un sol frammento
tanto ha in sé del grande evento
quanto il pane integro.

La realtà non è toccata,
sol la specie vien spezzata;
né lo stato o la misura
del soggetto mutano.

Ecco il pane dei celesti,
fatto cibo a noi terrestri;
non dev'esser dato ai cani,
pan che i figli attendono.

In figuris praesignatur,
cum Isaac immolatur:
agnus Paschae deputatur:
datur manna patribus.

Bone pastor, panis vere,
Iesu, nostri miserere:
tu nos pasce, nos tuere:
tu nos bona fac videre
in terra viventium.

Tu, qui cuncta scis et vales,
qui nos pascis hic mortales:
tuos ibi commensales,
coheredes et sodales fac
sanctorum civium.

Pane già prefigurato
quando Isacco fu immolato,
vero agnel sacrificato,
manna data ai padri.

Pane vero, buon pastore,
dà il perdono al peccatore,
dà il sostegno e la difesa
al tuo gregge che è in attesa
dell'eterno pascolo.

Tu, che tutto puoi e vedi,
e tal cibo a noi provvedi,
facci in ciel tuoi commensali,
coeredi e solidali
dei beati spiriti.

Jacopone da Todi

[?]

Stabat Mater Dolorosa
Sotto la Croce con Maria

Il testo è il più noto e bell'esempio del genere Planctus *o* Compassio Mariae, *di cui esiste una ricca produzione risalente ai primi secoli del secondo millennio. Il termine* compassio *è forse quello che meglio ne definisce la natura ed il tono, in quanto sulla descrizione prevale l'espressione del sentimento di partecipazione da parte della madre alle sofferenze del Figlio crocifisso e da parte dell'orante a quelle di entrambi. Per quanto concerne l'autore, tra le varie ipotesi, la più accreditata dalla critica lo identifica in Jacopone da Todi, il poeta e mistico francescano del XIII secolo, autore di numerose laude in volgare, tra cui la famosa e drammatica* Il pianto della Vergine, *che in forme e con toni diversi svolge lo stesso tema, la passione. Tormentatissima la questione del testo: tra le numerose redazioni noi seguiamo quella che si trova nel Messale Romano del XVIII secolo.*

Stabat mater dolorosa
iuxta crucem lacrimosa,
dum pendebat Filius.

Cuius animam gementem,
contristatam et dolentem
pertransivit gladius.

O quam tristis et afflicta
fuit illa benedicta
mater Unigeniti!

Quae maerebat et dolebat
pia mater dum videbat
Nati poenas incliti.

Quis est homo qui non fleret,
matrem Christi si videret
in tanto supplicio?

Quis non posset contristari
Christi matrem contemplari
dolentem cum Filio?

Pro peccatis suae gentis
vidit Iesum in tormentis
et fagellis subditum.

Vidit suum dulcem Natum

Alla croce del Signore,
tutta immersa nel dolore,
sta la madre in lacrime.

Una spada acuminata,
già da tempo profetata,
le trafigge l'anima.

Oh! l'angoscia e la distretta
della donna benedetta,
madre dell'Altissimo.

Quante lacrime e lamenti
nell'assistere ai tormenti
del suo divin Figlio !

Chi potrà frenare il pianto
nel vedere in tale schianto
la beata Vergine?

Chi la madre addolorata
con il Figlio suo associata
guarderà impassibile?

Vede il Figlio tanto amato
per le colpe flagellato
del suo stesso popolo.

Vede il dolce Figlio in croce,

morientem, desolatum,
dum emisit spiritum.

Eia, mater, fons amoris,
me sentire vim doloris fac,
ut tecum lugeam.

Fac ut ardeat cor meum
in amando Christum Deum,
ut sibi complaceam.

Sancta mater, istud agas,
Crucifixi fige plagas
cordi meo valide.

Tui Nati vulnerati
tam dignati pro me pati
poenas mecum divide.

Fac me tecum pie flere,
Crucifixo condolere,
donec ego vixero.

Iuxta crucem tecum stare
et me tibi sociare
in planctu desidero.

Virgo virginum praeclara
mibi iam non sis amara:

mentre soffre pena atroce,
esalar lo spirito.

Salve, fonte dell'amore;
fa ch'io provi il tuo dolore,
fammi con te piangere.

Il mio cuore sia fervente
verso Cristo sofferente,
Salvatore amabile.

Siano impresse nel mio cuore
le ferite del Signore
sul duro patibolo.

Delle pene che ha provato
il tuo Figlio sì piagato
fa ch'io sia partecipe.

Possa anch'io con te soffrire
e con Cristo compatire
fino al giorno ultimo.

Alla croce stare accanto
ed unirmi a te nel pianto,
madre mia, desidero.

Salve, Vergine preclara;
tua bontà non sia avara:

fac me tecum plangere.

Fac ut portem Christi mortem,
passionis fac consortem
et plagas recolere.

Fac me plagis vulnerari,
fac me cruce inebriari
et cruore Filii.

Flammis ne urar succensus
per te, Virgo, sim defensus
in die iudicii.

Christe, cum sit hinc exire,
da per matrem me venire
ad palmam victoriae.

Quando corpus morietur,
fac ut animae donetur
paradisi gloria. Amen.

voglio con te piangere;

Del Signor portar la morte,
aver parte alla sua sorte,
le sue piaghe accogliere;

Dalle piaghe esser segnato,
della croce inebriato,
del sangue purissimo.

E nel giorno del giudizio
ch'io non cada a precipizio
nell'eterno carcere.

Quando un dì dovrò morire
possa, Cristo, a te venire,
per tua madre amabile.

E, se il corpo avrà la morte,
giunga l'anima alle porte
dell'eterna patria. Amen.

Finito di stampare nel maggio 1998
da «La Tipografica Varese S.p.A.»

Editore: Rusconi Libri s.r.l., viale Sarca 235, 20126 Milano